DATE DUE		

El Día de Independencia

Mir Tamim Ansary

Traducción de Patricia Abello

Heinemann Library
Chicago, Illinois

Customer Service 888-454-2279
Visit our website at www.heinemannlibrary.com

Designed by Depke Design
Printed and bound in China by South China Printing Company

07 06
10 9 8 7 6 5 4 3

Library of Congress Cataloging-in-Publication Data
Ansary, Mir Tamim.
    [Independence Day. Spanish]
    El Día de la Independencia / Mir Tamim Ansary ; traducción de Patricia Abello.
        p. cm. — (Historias de fiestas)
    Summary: Introduces the Fourth of July, including the history of the holiday, why we
celebrate it, and how it is celebrated today.
    Includes bibliographical references (p.) and index.
    ISBN 1-4034-3003-9 (HB), 1-4034-3026-8 (pbk.)
1. Fourth of July—Juvenile literature. 2. Fourth of July celebrations—Juvenile literature.
3. United States—History—Colonial period, ca. 1600–1775—Juvenile literature. 4. United
States—History—Revolution, 1775–1783—Juvenile literature. [1. Fourth of July. 2.
Holidays. 3. United States—History—Colonial period, ca 1600–1775. 4. United
States—History—Revolution, 1775–1783. 5. Spanish language materials.] I. Title.

E286 .A124618 2003
394.2634—dc21

                                                 2002038700

Acknowledgments
The author and publishers are grateful to the following for permission to reproduce
copyright material:
Cover photograph: Corbis
pp. 4–5 Gary A. Conner/Photo Edit; pp. 6–7 Jeff Greenberg/Photo Edit; p. 8 Culver Pictures; pp. 10,
13, 15, 20, 21, 25 The Granger Collection; pp. 11, 12, 16, 17, 18, 19, 22, 23, 26, 27 North Wind
Pictures; p. 14 Super Stock; p. 24 AP/Wide World; pp. 28–29 Deborah Davis/Photo Edit.

Every effort has been made to contact copyright holders of any material reproduced in this book.
Any omissions will be rectified in subsequent printings if notice is given to the publisher.

Unas palabras están en negrita, **así.** Encontrarás
el significado de esas palabras en el glosario.

Contenido

Una fiesta de verano

El Día de **Independencia** es nuestro principal día festivo del verano. Siempre se celebra el 4 de julio. En esta época del año, los días son largos y hace calor.

Muchas familias pasan este día al aire libre.
Ven desfiles y van a picnics. Cuando cae la
noche, aumenta la emoción. Viene lo mejor:
¡los fuegos artificiales!

Celebrar nuestra independencia

Los fuegos artificiales han sido parte del Día de **Independencia** desde hace tiempo. Hacen pensar en la guerra. Nuestro país ganó la independencia en una guerra.

Independencia es otro modo de decir
"libertad". ¿Por qué nuestro país tuvo que
ganar la libertad? ¿A quién se la ganó?
Esa historia comienza hace unos 400 años.

Trece colonias inglesas

El capitán John Smith fue el líder de Jamestown.

Antes del año 1600, vivían pocos **europeos** en América del Norte. Entonces llegó un grupo de ingleses. En 1607, construyeron una aldea llamada Jamestown.

Fueron llegando más **pobladores**. Eran **colonos**. Los colonos se consideraban ingleses, pero vivían aquí, lejos de su país. Formaron trece **colonias** inglesas en América del Norte.

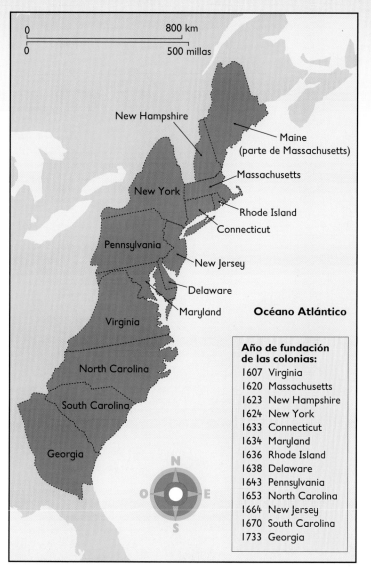

Un nuevo mundo

A los **colonos** les fue bien en esta tierra. Sembraban **cultivos** y pescaban. Cortaban árboles para sacar **tablas.**

Lo que no podían hacer, lo compraban.
Comerciaban productos entre sí y con
Inglaterra. Nuevos pueblos fueron
creciendo con rapidez en esta tierra.

Más y más lejos

Al principio, los **colonos** eran **leales** a Inglaterra y a su rey. Pero Inglaterra estaba lejos. Cuando necesitaban ayuda, no la podían recibir de Inglaterra.

Así que los colonos resolvían los problemas por su cuenta. Con el tiempo, se fueron apartando más y más de Inglaterra, o Gran Bretaña, como se llamó desde 1707.

La Guerra Franco-Indígena

En 1754, Gran Bretaña entró en guerra con Francia. Parte de esa guerra fue en América del Norte. A esa parte se le llamó la Guerra Franco-Indígena.

Muchos indígenas norteamericanos lucharon del lado de Francia durante la Guerra Franco-Indígena.

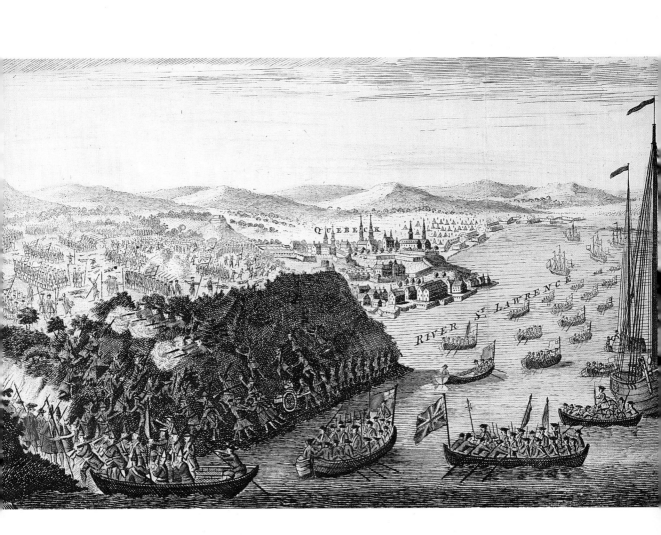

Los **británicos** ganaron la Guerra
Franco-Indígena. Echaron a los franceses
de América del Norte. Pero la guerra costó
mucho dinero. El rey británico quedó con
muchas **deudas.**

★

Los impuestos del rey

El rey **británico** era George el Tercero.
Decidió obtener dinero de los **colonos**
de América del Norte. Les ordenó pagar
muchos nuevos **impuestos**.

Los colonos pensaron que esos impuestos eran injustos. Ellos no **votaron** por la guerra. La **deuda** del rey no era su culpa. El dinero no se gastaría en sus propias necesidades.

La ira de los colonos

De hecho, los **colonos** no tenían **voto** en el **gobierno británico.** Entonces, ¿por qué tenían que pagar **impuestos** británicos? Le hicieron esa pregunta al rey.

★

El rey George no quería contestar.
Envió soldados para callar a los colonos.
¡Los colonos tuvieron que dejar que los
soldados vivieran en sus casas!

Problemas en Boston

En 1770, estallaron problemas en Boston. El 5 de marzo, unos soldados **británicos** mataron a cinco **colonos.** La gente de las **colonias** se enfureció. A esto se le llamó la **Masacre** de Boston.

Patrick Henry (de pie, a la izquierda) dio un famoso discurso ante un grupo de colonos el 23 de marzo de 1775.

Los colonos comenzaron a ver a Gran Bretaña como el enemigo. Hablaban de separarse de ese país. "Dadme la libertad o dadme la muerte", gritó un líder de los colonos llamado Patrick Henry.

Estalla la guerra

Paul Revere avisó a los colonos que los británicos estaban por llegar.

En 1775, un general **británico** pensó que los **colonos** planeaban problemas. Decidió quitarles la **pólvora.** Pero los colonos sabían que él iba a llegar.

Unos colonos se escondieron cerca
de los pueblos de Concord y Lexington,
en Massachusetts. Cuando los británicos
pasaron, les empezaron a disparar.
Comenzaba la Guerra Revolucionaria.

La Declaración de Independencia

Thomas Jefferson

¿Por qué luchaban los **colonos?** Un hombre llamado Thomas Jefferson lo expresó por escrito. Sus palabras se conocen como la **Declaración** de **Independencia.**

Jefferson escribió que el pueblo tiene derecho a elegir a sus propios líderes. Dijo que los colonos ya no querían líderes **británicos** ni seguir sus leyes. Este anuncio se firmó el 4 de julio de 1776.

La Declaración de Independencia se leyó al público el 8 de julio de 1776, en Filadelfia, Pensilvania.

Nace una nación

El rey George no dejó que las **colonias** se separaran. Envió sus ejércitos a América del Norte. Pero los **colonos** se defendieron bajo el mando de George Washington.

El general británico Cornwallis (izquierda) se rinde ante George Washington en la última batalla de la Guerra Revolucionaria.

La Guerra Revolucionaria duró ocho años. En 1781, los **británicos** estaban derrotados. Los colonos ahora podían formar su propio país. Formaron los Estados Unidos en 1783.

★

Muchas personas, un solo país

Los estadounidenses llegamos de muchos lugares. Nuestro país ha crecido de trece **colonias** a 50 estados.

Hemos creado juntos un país. Nuestro país es de los **ciudadanos.** Con los fuegos artificiales del Día de **Independencia** celebramos nuestra libertad y el orgullo por nuestro país.

Fechas importantes

Día de la Independencia

1492	Cristóbal Colón explora por primera vez las Américas
1607	Se funda Jamestown
1733	Se funda Georgia, la **colonia** 13
1754	Comienza la Guerra Franco-Indígena
1763	Termina la Guerra Franco-Indígena
1765	La Ley del Timbre crea nuevos **impuestos** para los **colonos**
1768	Llegan soldados **británicos** a Boston, Massachusetts
1770	La **Masacre** de Boston
1775	Comienza la Guerra Revolucionaria
1776	**Declaración** de **Independencia**
1781	El general Cornwallis se rinde en Yorktown
1783	Termina la Guerra Revolucionaria
1787	Se escribe la Constitución
1789	George Washington es primer presidente de los Estados Unidos

Glosario

británicos personas del país de Gran Bretaña

ciudadanos miembros de un país

colonias grupo de personas que viven lejos de su país pero que siguen sus leyes

colonos miembros de una colonia

cultivos plantas que siembran los granjeros para obtener comida y otras cosas

declaración palabras que anuncian algo

deuda dinero que se debe a alguien

europeos personas del continente de Europa

gobierno todas las personas que gobiernan un país, estado, ciudad o pueblo

impuestos dinero que un gobierno recolecta de sus ciudadanos

independencia no estar bajo el control o el mando de alguien

leal fiel; listo para servir y seguir a alguien

masacre matanza de muchas personas que no pueden defenderse. La Masacre de Boston no fue una masacre verdadera porque en ella sólo murieron cinco personas.

tablas madera cortada

pobladores personas que se mudan a vivir a un nuevo lugar

pólvora polvo explosivo que se usa para disparar balas

votar hacer una elección

Más libros para leer

Un lector bilingüe puede ayudarte a leer estos libros:

Dalgliesh, Alice. *The 4th of July Story*. New York: Simon & Schuster Children's Publishing, 1995.

Kalman, Bobbie. *Holidays*. New York: Crabtree Publishing, 1997.

Landau, Elaine. *Independence Day*. Berkeley Heights, N.J.: Enslow Publishers, Inc., 2001.

Índice